AF287141

ISBN 9788411744560 © Fútbol Rocks, 2023

Impresión y editorial: BoD – Books on Demand
info@bod.com.es - www.bod.com.es
Impreso en Alemania – Printed in Germany

¿CUÁNTO SABES

DEL

VALENCIA ?

1 ¿QUÉ 5 JUGADORES FORMABAN LA "DELANTERA ELÉCTRICA" VALENCIANISTA?

2 ¿CONTRA QUÉ EQUIPO CONSIGUIÓ EL VALENCIA CF EL PRIMER TÍTULO NACIONAL EN LA COPA DE 1941?

3 ¿QUÉ PUESTO OCUPA EL VALENCIA CF EN LA CLASIFICACIÓN HISTÓRICA DE LA LFP?

4 ¿EN QUÉ FECHA FUE FUNDADO EL VALENCIA FC?

5 ¿CÓMO SE LLAMA EL ESTADIO DEL VALENCIA CF?

6 ¿QUÉ CAPACIDAD TIENE? ¿39.430 Ó 49.430?

7 ¿EN QUÉ AÑO CONQUISTÓ EL VALENCIA CF SU PRIMERA LIGA?

8 ESE MISMO AÑO EDMUNDO SUÁREZ DE TRABANCO FUE EL GANADOR DEL TROFEO PICHICHI ¿CON CUÁNTOS GOLES?

9 ¿CÓMO SE CONOCE A LOS SEGUIDORES DEL VALENCIA?

10 ¿CUÁNTAS TEMPORADAS ESTUVO EN EL VALENCIA CF PUCHADES? ¿8, 12 Ó 14?

11 ¿EN QUÉ AÑO TUVO LUGAR LA PRIMERA EDICIÓN DEL TROFEO NARANJA?

12 ¿QUIÉN FUE LUIS CASANOVA?

13 ¿QUIÉN FUE EL PRIMER JUGADOR INTERNACIONAL VALENCIANISTA?

14 ¿CÓMO SE LLAMABA EL BAR DONDE SE REDACTÓ EL ACTA DE CONSTITUCIÓN DEL VALENCIA CF?

15 EL VALENCIA CF ES EL 5.º CLUB ESPAÑOL CON MÁS TÍTULOS. ¿VERDADERO O FALSO?

16 ¿CON QUÉ NOMBRE SE FUNDÓ EL VALENCIA FC?

17 ¿QUIÉN ES EL PRESIDENTE DEL VALENCIA CF EN EL 2022?

18 ¿Y DE QUÉ PAÍS ES?

19 ¿DE QUÉ EQUIPO PROVENÍA LA MAYORÍA DE LOS JUGADORES QUE FUNDARON EL VALENCIA CF?

20 ¿EN QUÉ TEMPORADA SE CONTRATÓ AL TÉCNICO FRANCÉS MARCEL DOMINGO?

21 ¿QUÉ DORSAL LUCE MAXI GÓMEZ?

22 ¿CÓMO SE TITULA EL HIMNO DEL VALENCIA CF?

23 EL HIMNO NO OFICIAL "AMUNT VALÈNCIA A LA VICTÒRIA" FUE COMPUESTO POR ALFONSO AGUADO, PERTENECIENTE ¿A QUÉ GRUPO DE MÚSICA?

24 EN EL 2019 EN EL ESTADIO BENITO VILLAMARÍN, EL VALENCIA SE ENFRENTÓ EN LA FINAL DE LA COPA DEL REY ¿CONTRA QUÉ EQUIPO?

25 LUCIANO VIETTO SE ESTRENÓ EN COPA CON UN GRAN HAT-TRICK ¿ANTE QUÉ EQUIPO?

26 EN 2014 SE FORMÓ LA PLANTILLA MÁS JOVEN DE LA PRIMERA DIVISIÓN CON UNA MEDIA DE ¿18,6 AÑOS O 23,6 AÑOS?

27 ¿DE QUÉ EQUIPO PROCEDÍA JAVI FUEGO?

28 ¿EN QUÉ AÑO SE CONQUISTÓ LA SÉPTIMA COPA DEL REY?

29 ¿A QUIÉN SE CONOCÍA COMO «EL DRAGÓN DE PUERTOLLANO»?

30 ¿EN QUÉ AÑO SE FUNDÓ EL VALENCIA CLUB DE FÚTBOL FEMENINO?

31 ¿Y CÓMO SE LLAMA SU ESTADIO?

32 ¿CUÁNTAS FRANJAS VERTICALES TIENE EL ESCUDO OFICIAL DEL VALENCIA CF?

33 EN SU ORIGEN, EL ESCUDO OFICIAL DEL VALENCIA CF LUCÍA UNA ALONDRA EN VEZ DE UN MURCIÉLAGO ¿VERDADERO O FALSO?

34 ¿EN QUÉ POSICIÓN JUEGA FERRAN TORRES?

35 ¿EN QUÉ TEMPORADA LOGRA EL VALENCIA CF UN DOBLETE HISTÓRICO GANANDO LA LIGA Y LA COPA DE LA UEFA?

36 EL VALENCIA CF GANA DE NUEVO LA LIGA EN LA TEMPORADA 2001-02, ¿CUÁNTOS AÑOS HACÍA QUE NO LA GANABA?

37 ¿DE QUÉ PAÍS ES MAXI GÓMEZ?

38 ¿CÓMO SE APODABA AL JUGADOR CLAUDIO LÓPEZ?

39 ¿Y DE QUÉ EQUIPO ARGENTINO PROCEDÍA?

40 EL DEBUT HISTÓRICO DEL VALENCIA EN LA LIGA SE PRODUJO EL 17 DE FEBRERO DE 1929 EN MESTALLA ¿CONTRA QUÉ EQUIPO?

41 ¿CÓMO SE LLAMABA EL PRIMER PRESIDENTE DEL VALENCIA CF?

42 ¿EN QUÉ AÑO SE INAUGURÓ EL MESTALLA?

43 ¿Y QUIÉN FUE EL AUTOR DEL PRIMER GOL EN MESTALLA?

44 ¿QUÉ DELANTERO BRASILEÑO SUFRIÓ UN MORTAL ACCIDENTE DE TRÁFICO EL 21 DE JUNIO DE 1961?

45 ¿RECUERDAS LA IMAGEN DEL PORTERO QUIQUE SENTADO SOBRE EL LARGUERO DE UNA DE LAS PORTERÍAS? ¿QUÉ TRIUNFO CELEBRABA?

46 ¿QUÉ JUGADOR DEL VALENCIA CONSIGUIÓ EL PRIMER TROFEO ZAMORA?

47 ¿CÓMO SE LLAMABA EL PRIMER CAMPO EN EL QUE JUGÓ EL VALENCIA CF?

48 EN 1928 EMPEZÓ A DISPUTARSE LA LIGA ESPAÑOLA Y EL VALENCIA CF LA INICIÓ EN LA PRIMERA DIVISIÓN. ¿VERDADERO O FALSO?

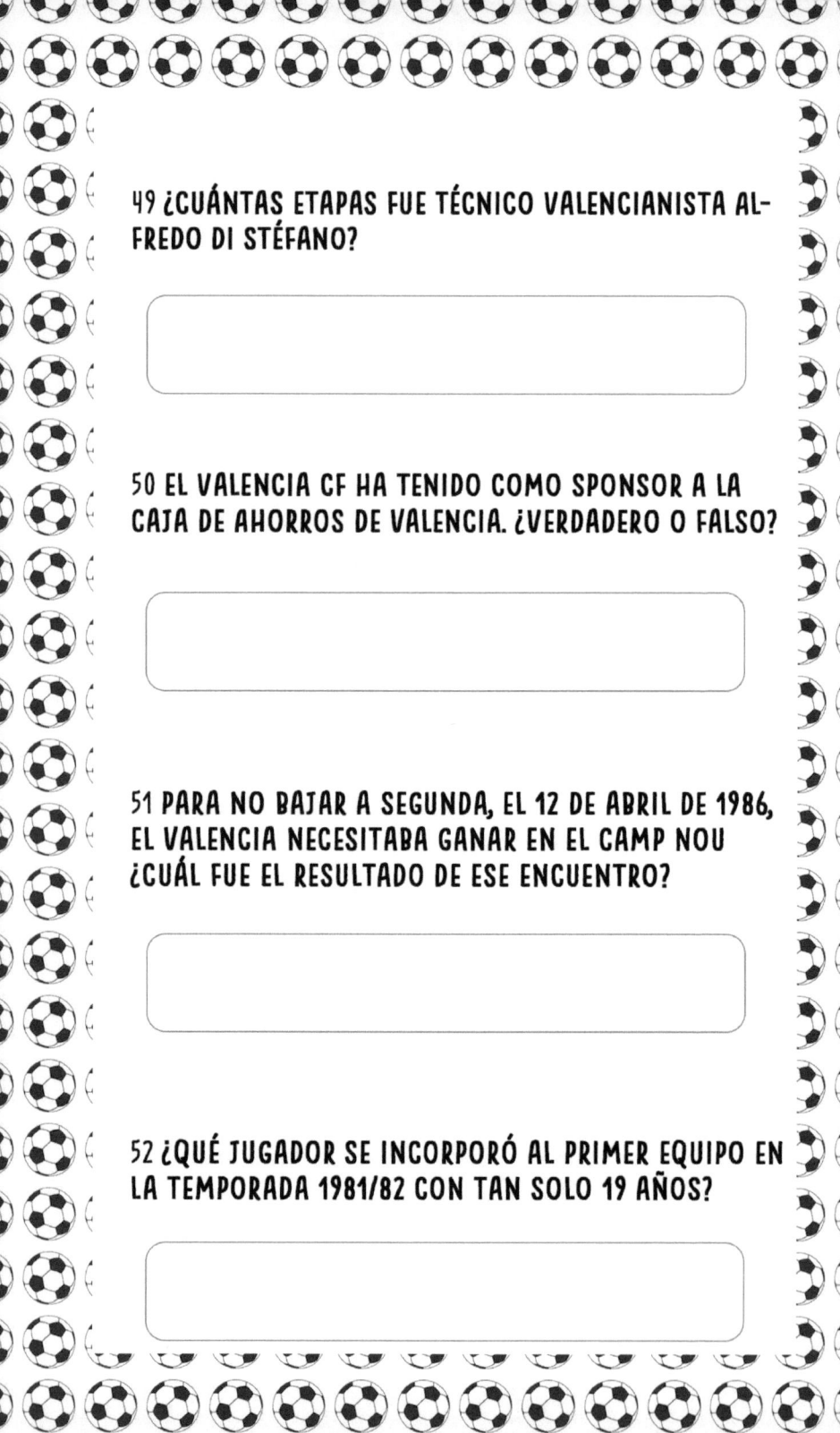

49 ¿CUÁNTAS ETAPAS FUE TÉCNICO VALENCIANISTA ALFREDO DI STÉFANO?

50 EL VALENCIA CF HA TENIDO COMO SPONSOR A LA CAJA DE AHORROS DE VALENCIA. ¿VERDADERO O FALSO?

51 PARA NO BAJAR A SEGUNDA, EL 12 DE ABRIL DE 1986, EL VALENCIA NECESITABA GANAR EN EL CAMP NOU ¿CUÁL FUE EL RESULTADO DE ESE ENCUENTRO?

52 ¿QUÉ JUGADOR SE INCORPORÓ AL PRIMER EQUIPO EN LA TEMPORADA 1981/82 CON TAN SOLO 19 AÑOS?

53 EN 1979 EL VALENCIA CONSIGUIÓ LA QUINTA COPA DEL REY ¿CONTRA QUIÉN SE JUGÓ LA FINAL?

54 ¿Y A QUÉ JUGADOR HIZO ENTREGA DE LA COPA EL ENTONCES REY JUAN CARLOS I?

55 ¿CUÁNTOS GOLES ANOTÓ MARIO ALBERTO KEMPES EN ESE ENCUENTRO?

56 ¿DE QUÉ EQUIPO PROVENÍA MARIO ALBERTO KEMPES?

57 ¿CUÁL ERA EL APODO DE MARIO ALBERTO KEMPES?

58 ANTONIO PUCHADES TENÍA UN HERMANO LLAMADO CARLES PLA PUCHADES ¿QUÉ PROFESIÓN TENÍA?

59 ¿CUÁL ES EL EQUIPO FILIAL DEL CLUB?

60 ¿Y EN QUÉ AÑO NACE? ¿1944 Ó 1946?

61 ¿A QUÉ OTROS DOS EQUIPOS ESPAÑOLES ENTRENÓ JACINTO QUINCOCES?

62 ¿CUÁNTOS TÍTULOS DE LIGA HA CONQUISTADO EL VALENCIA CF? (A 2022)

63 ¿CÓMO SE APODABA A ANTONIO PUCHADES?

64 ¿EN QUÉ AÑO FICHA POR EL VALENCIA CF SANTIAGO CAÑIZARES?

65 ¿CONTRA QUIÉN GANO EL VALENCIA CF SU PRIMERA SÚPER COPA DE EUROPA?

66 ¿Y CONTRA QUIÉN Y QUÉ AÑO GANÓ SU SEGUNDA SUPER COPA DE EUROPA?

67 DAVID ALBELDA NUNCA FUE CAPITÁN DEL EQUIPO. ¿VERDADERO O FALSO?

68 ¿EN QUÉ EQUIPO DE SEGUNDA DIVISÓN COMENZÓ DAVID VILLA SU CARRERA PROFESIONAL?

69 EN LA TEMPORADA 2019-20, EL VALENCIA CAE EN OCTAVOS DE CHAMPIONS LEAGUE CON UN GLOBAL DE 8-4 ¿CONTRA QUÉ EQUIPO?

70 ¿CUÁNTAS TEMPORADAS JUGÓ CON EL VALENCIA CF FERNANDO GÓMEZ COLOMER?

71 ¿CON QUÉ JUGADOR TUVO ESPECIALMENTE MALA RELACIÓN LUIS ARAGONÉS?

72 ¿A QUÉ EQUIPO SE FUE PEDJA MIJATOVIĆ TRAS DEJAR EL VALENCIA CF?

73 ¿EN QUÉ TEMPORADA SE PROCLAMÓ POR PRIMERA VEZ CAMPEÓN REGIONAL EL VALENCIA CF? ¿1922-23 O 1942-43?

74 ¿CONTRA QUÉ EQUIPO GANÓ LA COPA EVA DUARTE DE 1949 EN EL METROPOLITANO POR 4-7?

75 ¿QUIÉN ES EL MÁXIMO GOLEADOR DE LA HISTORIA DEL CLUB?

76 ¿QUIÉN FUE LA PRIMERA FIGURA INTERNACIONAL EN LA HISTORIA DEL CLUB?

77 ¿DE QUÉ NACIONALIDAD ERA EL ENTRENADOR ALEJANDRO SCOPELLI?

78 EN SU PRIMERA PARTICIPACIÓN, EL VALENCIA SE PROCLAMÓ CAMPEÓN DE LA COPA DE FERIAS. ¿VERDADERO O FALSO?

79 ¿QUIÉN SE CONVIRTIÓ EN EL HÉROE DE LA NOCHE AL DETENER UN DISPARO QUE PROCLAMÓ AL VALENCIA CAMPEÓN DE LA RECOPA DE 1980?

80 EL VALENCIA ES PRIMER CLUB ESPAÑOL QUE CONQUISTÓ LA SUPERCOPA DE EUROPA. ¿VERDADERO O FALSO?

81 ¿A QUÉ EQUIPO ESPAÑOL SE TRASPASÓ EL JUGADOR JUAN CRUZ SOL?

82 ¿QUÉ EXJUGADOR Y EXENTRENADOR DEL VALENCIA CONSIGUIÓ EL FICHAJE DE MARIO ALBERTO KEMPES?

83 ¿DE QUÉ PAÍS ERA BOSSIO?

84 ¿EN QUÉ TEMPORADA CONTRATÓ EL VALENCIA CF A VÍCTOR ESPÁRRAGO?

85 EN LA TEMPORADA 1991/92 EL VALENCIA REMONTÓ EN LA 18.ª JORNADA CONTRA EL REAL MADRID EN SÓLO DOS MINUTOS ¿QUÉ DOS JUGADORES MARCARON GOL?

86 ¿Y EN QUÉ DOS MINUTOS EXACTOS?

87 EL 19 DE FEBRERO DE 1992 SE INAUGURÓ LA CIUDAD DEPORTIVA DE...

88 ¿EN QUÉ AÑO EL ESTADIO RECUPERA SU NOMBRE ORIGINAL DE ESTADIO DE MESTALLA? ¿1994 Ó 2004?

89 ¿QUÉ VETERANO GUARDAMETA LLEGÓ AL VALENCIA CF EN 1994?

90 ¿CONTRA QUÉ EQUIPO SE ENFRENTABA EL VALENCIA CF EN LA LLAMADA "LA FINAL DEL AGUA"?

91 ¿CUÁL ERA EL LEMA DEL PRESIDENTE FRANCISCO ROIG?

92 ¿EN QUÉ TEMPORADA SE FICHÓ AL POR ENTONCES DESCONOCIDO MONTENEGRINO MIJATOVIĆ?

93 ADEMÁS DE ENTRENADOR, ALFREDO DI STÉFANO FUE EN SU JUVENTUD JUGADOR DEL VALENCIA CF. ¿VERDADERO O FALSO?

94 ¿CÓMO SE EMPEZÓ A DENOMINAR OFICIALMENTE AL ESTADIO MESTALLA EN EL VERANO DE 1969?

95 ¿EN QUÉ TEMPORADA HIZO SU DEBUT EL EQUIPO EN LA COPA DE EUROPA?

96 ¿EN QUÉ CIUDAD PORTUGUESA NACIÓ GONÇALO GUEDES?

97 ALFREDO DI STÉFANO ES EL TÉCNICO QUE MÁS PARTIDOS EN PRIMERA DIVISIÓN HA DIRIGIDO AL VALENCIA CF. ¿VERDADERO O FALSO?

98 EN EL AÑO 2001 SE VENDIÓ A GAIZKA MENDIETA POR 48.000.000€. ¿A QUÉ EQUIPO?

99 ¿A QUÉ JUGADOR SE CONOCÍA COMO "EL GUAJE"?

100 ¿EN QUÉ PROVINCIA NACIÓ EDMUNDO SUÁREZ DE TRABANCO?

101 ¿Y CON QUÉ DIMINUTIVO SE LE CONOCÍA?

102 EL AÑO 2015 EL GRUPO MUSICAL VALENCIANO "EL VIAJE DE ELIOT" HIZO UNA VERSIÓN DE LO QUE PODRÍA SER UN HIMNO VALENCIANISTA TITULADO...

103 EL 27 DE ENERO DE 2021, EL VALENCIA ES ELIMINADO DE LA COPA DEL REY, ¿CONTRA QUIÉN?

104 ¿QUÉ DORSAL LUCE CARLOS SOLER?

105 EL UNIFORME DEL EQUIPO NUNCA HA LLEVADO PANTALÓN BLANCO. ¿VERDADERO O FALSO?

106 ¿A QUÉ JUGADOR SE LE CONOCÍA COMO "EL BURRITO"?

107 ¿EN QUÉ POSICIÓN JUEGA WALDO MACHADO DA SILVA?

108 ¿CUÁNTO SE ABONÓ AL PARIS SAINT-GERMAIN FC POR EL TRASPASO DE GONÇALO GUEDES?

109 JORGE VALDANO FUE TÉCNICO DEL VALENCIA CF. ¿VERDADERO O FALSO?

110 ¿CUÁNTAS COPAS DEL REY HA CONSEGUIDO EL VALENCIA CF? (A FECHA 2022)

111 ¿EN QUÉ PUESTO DE LA LIGA SE QUEDÓ EL VALENCIA EN LA TEMPORADA 1989/90?

112 EN LA TEMPORADA 1992/93 EL VALENCIA CF CAYÓ EN LA IDA EN LA 1ª RONDA DE LA COPA DE LA UEFA POR 1-5 ¿FRENTE A QUÉ EQUIPO?

113 ¿CÓMO SE LLAMABA EL DELANTERO URUGUAYO QUE ANOTÓ LOS 5 GOLES DE ESE PARTIDO?

114 EN 1993 SE CELEBRÓ UN ENCUENTRO AMISTOSO COMO HOMENAJE A MARIO ALBERTO KEMPES, ¿ANTE QUÉ EQUIPO?

115 MIGUEL ÁNGEL ANGULO NACIÓ EN VALENCIA. ¿VERDADERO O FALSO?

116 ¿EN QUÉ TEMPORADA CONSIGUIÓ EL VALENCIA CF SU HASTA AHORA ÚNICA RECOPA DE EUROPA?

117 EL 30 DE NOVIEMBRE DE 1997, EL VALENCIA PERDIÓ EN CASA 0-1 CONTRA LA UD SALAMANCA. EL PÚBLICO DE MESTALLA DICTÓ SENTENCIA ENTONANDO ¿QUÉ CANTICO?

118 ¿DE QUÉ NACIONALIDAD ES GUUS HIDDINK?

119 ¿CUÁNTAS SUPER COPAS DE ESPAÑA HA GANADO EL VALENCIA CF? (A FECHA 2022)

120 EN 1954 EL VALENCIA CONSIGUIÓ LA TERCERA COPA DEL REY FRENTE AL BARCELONA CON UN CONTUNDENTE 3-0 ¿QUÉ DOS JUGADORES MARCARON LOS GOLES?

SOLUCIONES:

1: EPI, AMADEO, MUNDO, ASENSI Y GOROSTIZA.

2: CONTRA EL ESPAÑOL.

3: EL 4.º PUESTO.

4: EL 18 DE MARZO DE 1919.

5: MESTALLA.

6: 49.430.

7: EN 1942.

8: CON 27 GOLES.

9: CHES, TAMBIÉN BLANQUINEGROS.

10: 12.

11: 1959.

12: PRESIDENTE DEL VALENCIA CF DURANTE CASI 20 AÑOS.

13: CUBELLS.

14: BAR TORINO.

15: VERDADERO.

16: COMO VALENCIA FOOT-BALL CLUB .

17: ANIL MURTHY.

18: DE SINGAPUR.

19: DEL CLUB DEPORTIVO ESPAÑOL.

20: EN LA TEMPORADA 1977/78.

21: EL 9.

22: "AMUNT VALÈNCIA".

23: "LOS INHUMANOS".

24: EL F.C. BARCELONA.

25: LA UD LAS PALMAS.

26: 23,6 AÑOS.

27: DEL RAYO VALLECANO.

28: 2008.

29: A SANTIAGO CAÑIZARES.

30: 2009.

31: ESTADIO MUNICIPAL ANTONIO PUCHADES.

32: 9 .

33: FALSO.

34: DELANTERO.

35: 2003-2004.

36: 31 AÑOS.

37: URUGUAY.

38: "EL PIOJO".

39: "RACING DE AVELLANEDA.

40: EL OVIEDO.

41: OCTAVIO AUGUSTO MILEGO DÍAZ.

42: 1923.

43: MONTES.

44: WALTER MARCIANO.

45: LA TERCERA COPA DE LA HISTORIA DEL VALENCIA.

46: EL PORTERO EIZAGUIRRE.

47: EL CAMPO DE ALGIRÓS.

48: FALSO.

49: TRES.

50: VERDADERO.

51: 3-0.

52: ROBERTO FERNÁNDEZ.

53: EL REAL MADRID.

54: AL CAPITÁN CARRETE.

55: DOS.

56: ROSARIO CENTRAL.

57: EL MATADOR.

58: PERIODISTA.

59: VALENCIA CLUB DE FÚTBOL MESTALLA, TAMBIÉN CONOCIDO COMO VALENCIA MESTALLA O MESTALLA.

60: EN 1944.

61: AL ZARAGOZA Y AL REAL MADRID.

62: 6.

63: TONICO.

64: EN 1998.

65: CONTRA EL NOTTINGHAM FOREST.

66: OPORTO EN 2004.

67: FALSO.

68: REAL SPORTING DE GIJÓN.

69: EL ATALANTA DE BERGAMO BC.

70: 15 TEMPORADAS.

71: CON ROMARIO.

72: AL REAL MADRID.

73: 1922-23.

74: FC BARCELONA.

75: EDMUNDO SUÁREZ DE TRABANCO.

76: EL HOLANDÉS FAAS WILKES.

77: ARGENTINA.

78: VERDADERO.

79: EL GUARDAMETA GALLEGO PEREIRA.

80: VERDADERO.

81: AL REAL MADRID.

82: PASIEGUITO.

83: URUGUAY.

84: EN LA TEMPORADA 1988/89.

85: FERNANDO Y ROBERT.

86: EN LOS MINUTOS 87 Y 88.

87: PATERNA.

88: 1994.

89: ANDONI ZUBIZARRETA.

90: CONTRA EL DEPORTIVO.

91: "PER UN VALÈNCIA CAMPIÓ".

92: TEMPORADA 1993/94.

93: FALSO.

94: ESTADIO LUIS CASANOVA.

95: EN LA TEMPORADA 1971-72.

96: LISBOA.

97: VERDADERO.

98: A LA SOCIETÀ SPORTIVA LAZIO.

99: A DAVID VILLA.

100: VIZCAYA.

101: MUNDO.

102: "SENTIMENT".

103: SEVILLA F.C .

104: EL 10.

105: FALSO.

106: A ARIEL ORTEGA.

107: DELANTERO CENTRO.

108: 40.000.000€.

109: VERDADERO.

110: 8.

111: SEGUNDO.

112: EL NÁPOLES.

113: DANIEL FONSECA.

114: PSV EINDHOVEN.

115: FALSO. EN AVILÉS.

116: 1979/80.

117: "¡PACO VETE YA!".

118: HOLANDESA.

119: UNA.

120: DOS ANTONIO FUERTES Y UNO MANUEL BADENES.

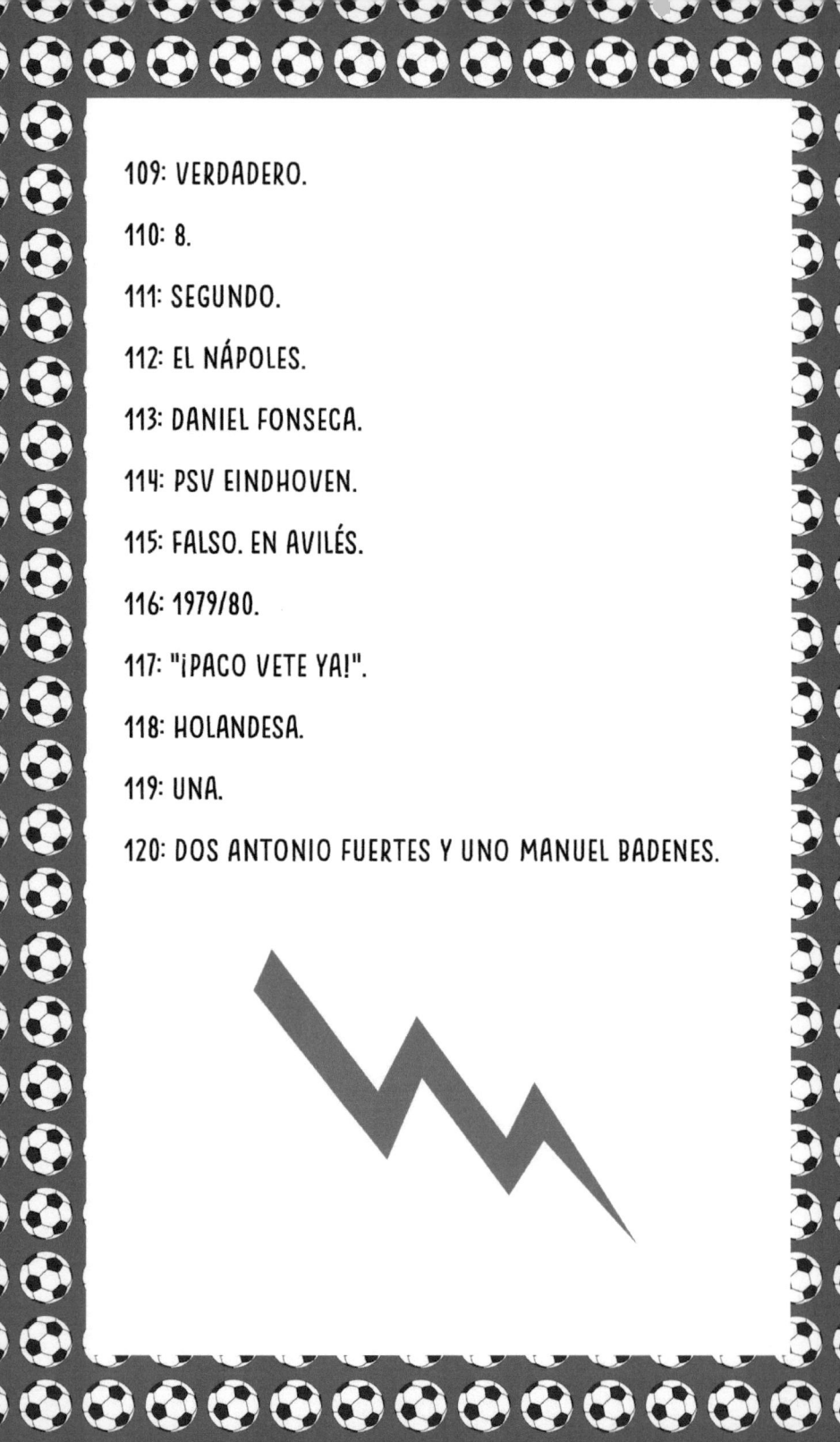

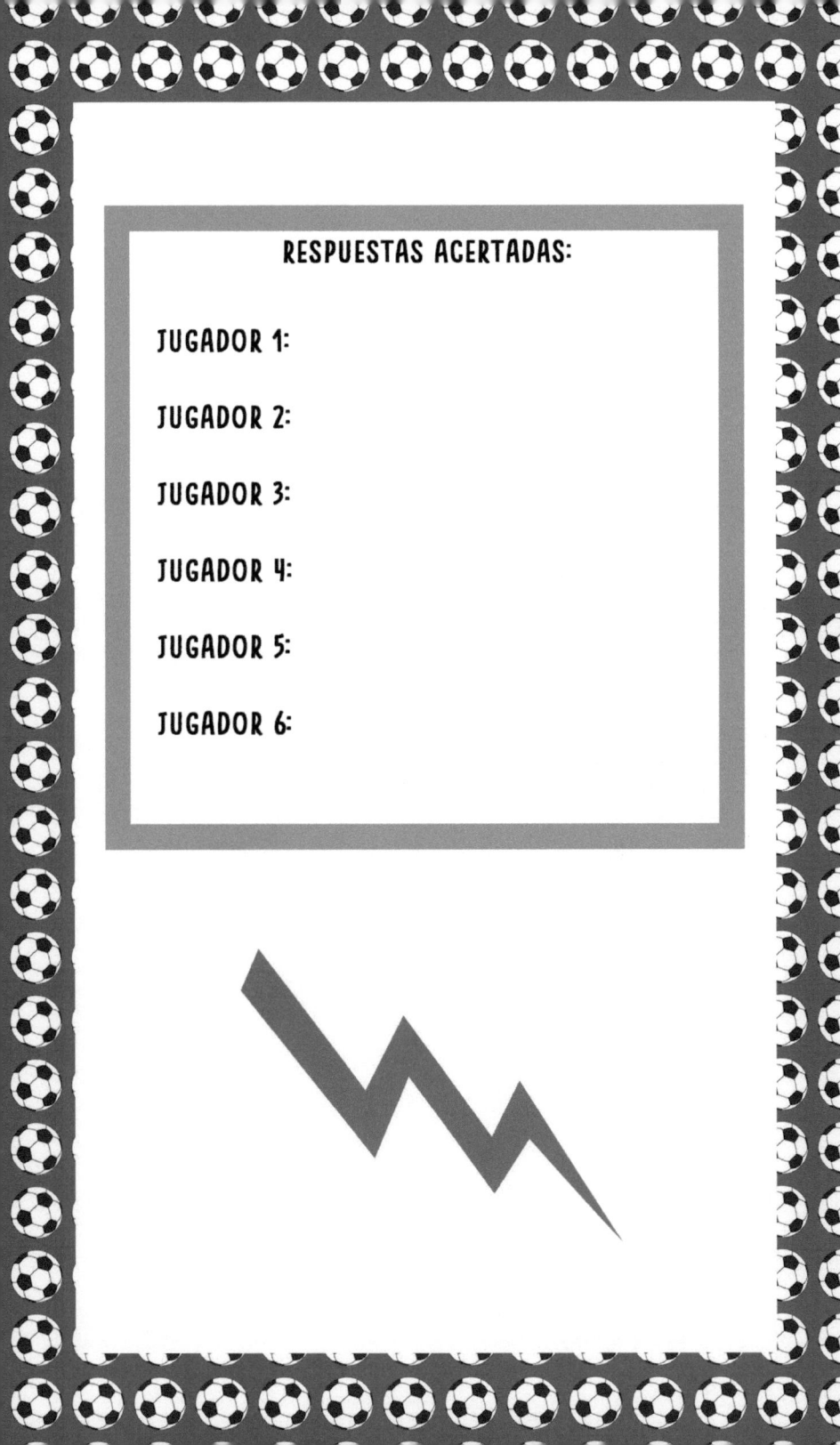

RESPUESTAS ACERTADAS:

JUGADOR 1:

JUGADOR 2:

JUGADOR 3:

JUGADOR 4:

JUGADOR 5:

JUGADOR 6:

¿CUÁNTO SABES

DEL

VALENCIA ?